COLD MOON

Gabriel Rosenstock is Chairman of Poetry Ireland and a member of the Irish Writers' Union, the Irish Translators' Association and the British *Haiku* Society. He works for *An Gúm*, the Publications Branch of the Department of Education in Dublin, and is married to Eithne Ní Chléirigh. They have four children – Héileann, Saffron, Tristan and Éabha. He is the author/translator of some thirty books and he has translated into Irish the selected poems of Francisco X. Alarcón, Georg Trakl, Willem M. Roggeman and Günter Grass.

Pieter Sluis was born in the Netherlands in 1929 and came to Ireland in 1956. He exhibited in the Irish Exhibition of Living Art and subsequent group exhibitions, in the Royal Hibernian Academy and elsewhere, and he has had several individual shows in Dublin's Caldwell Gallery. He lives in Dublin with his wife Jeannette.

Irene

COLD MOON

THE EROTIC HAIKU OF

Gabriel Rosenstock

Gabriel

First published in 1993 by
Brandon Book Publishers Ltd
Dingle, Co. Kerry, Ireland.

*This book is published with the assistance of the Arts Council/An Chomhairle Ealaíon,
Ireland*

British Library Cataloguing in Publication Data is available for this book.
ISBN 0 86322 166 1

Cover design by Pieter Sluis
Internal design and typesetting by Brandon
Printed by Colour Books Ltd, Dublin

6/

cloud
morning sun filtering through –
my seed in your palm

scamall
grian na maidine á chriathrú –
mo shíol id dhearna

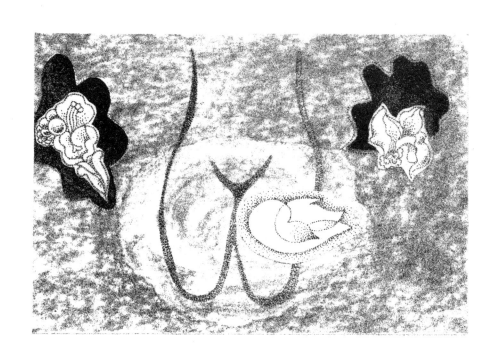

8/

naked you sit in a wicker chair
kneeling i'm a bird
nestfallen

nocht id shuí i gcathaoir chaolaigh
ar mo ghlúine dom i m'éan
díneadaithe

biting your lower lip
my mouth –
water

cognaíonn tú
do bheol íochtair
uisce le m'fhiacla

12/

quietly rising in the fish-tank

he opens his mouth

kisses the surface from beneath

is ciúin é a éirí san uisceadán

osclaíonn a bhéal

pógann an dromchla aníos

14/

waxy glistening of leaves
sometimes i'd come
along your thigh

glioscarnach chiarach na nduilleog
thagainn uaireanta
feadh do cheathrún

15/

a breeze in the foliage
quiver of her body
spasm   scream

leoithne sa duilliúr
creathán a colainne
freanga   béic

18/

i kiss your lips
sweet the salt tear
on our tongue

pógaim do bheola
milis an deoir ghoirt
ar an dteangain againn

20/

seed explosion
between her breasts –
whimpering whale

sceitheadh síl
idir a dhá cíoch –
mól mór ag geonaíl

22/

city centre
grey polluted buildings –
desire in the whites of your eye

i lár na cathrach
foirgnimh liatha truaillithe –
dúil i ngealacáin do shúil

24/

were i a butterfly
i would alight on your shoulder
topple over

dá mba fhéileacán mé
thuirlingeoinn ar do ghualainn
thitfinn le hail

blackbird's call at dusk
stroking
your left nipple

scol an loin sa chróntráth
ag cuimilt
do shine clé

28/

lightning ripping the dark
your nakedness
thunder growls

tintreach ag réabadh ar dorchadais
do nochtacht
drantaíonn toirneach

30/

brassière
ridiculous object
until you put it on

cíochbheart
earra áiféiseach
go gcuireann tú ort é

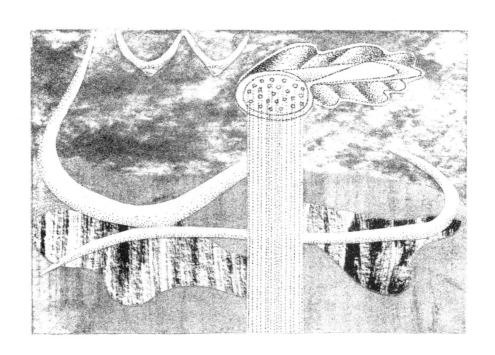

rainy day
i think of you taking a shower
rivulets in little glens

lá báistí
cuimhním ort is tú faoin gcithfholcadh
mionsrutháin i gcoim gleanntáin

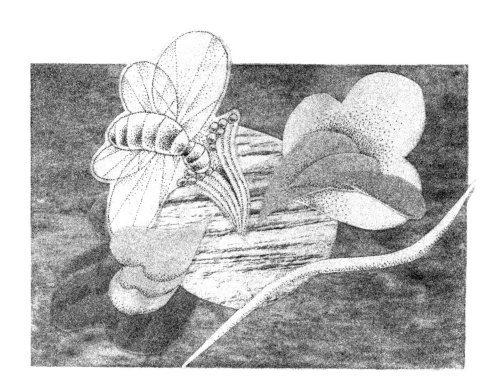

34/

buzzing of bees
her vibrator
nectar stirs

dordán beach
a tonnchreathaire
corraíonn neachtar

36/

the orange tail
of a black fish in the aquarium
i look away

eireaball oráiste
an éisc dhuibh san uisceadán
iompaím mo shúile

38/

cherry blossoms fall
in some haiku or other
she owned a pink nightdress

bláthanna silíní ag titim
i haiku éigin
bhí léine oíche phinc aici

39/

40/

her face before me always
until the dawn breaks
cold moon

a haghaidh romham i gcónaí
is beidh go ngealfaidh lá
gealach fhuar

41/

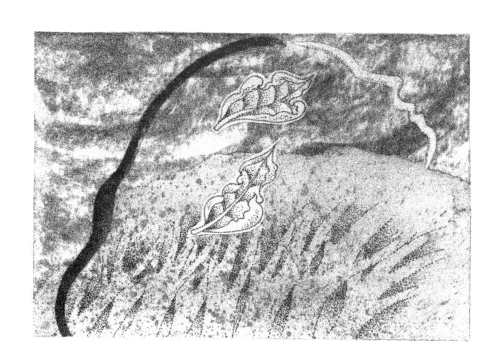

42/

windy day
every tree shakes its head
conspiring with you

lá mór
croitheann gach crann a chloigeann
i gcomhcheilg leat

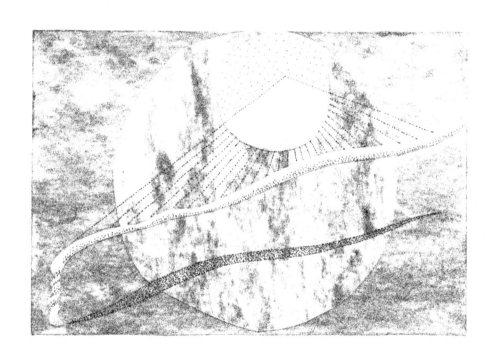

44/

somewhere the sun

beats down   on her calves

her ankles

scalann an ghrian

áit éigin   ar a colpaí

a murnáin

they swim in the fish-tank

coming

going

snámhaid san uisceadán

sa tóir

ar a dteitheadh

48/

black chimney-stack
on the horizon
sickle moon of morning

simléar árd caol dubh
ar fhíor na spéire
corrán gealaí na maidine

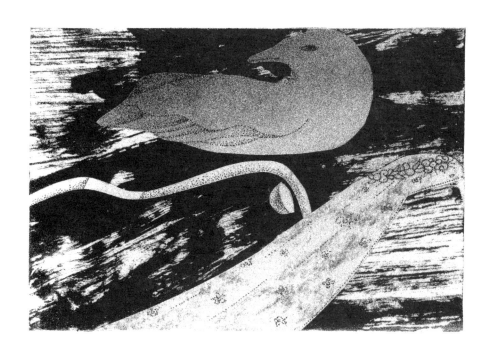

horns blaring
haste to the wedding
slowly a seagull turns its head

adharca á séideadh
defir chun na bainise
casann faoileán a cheann go mall

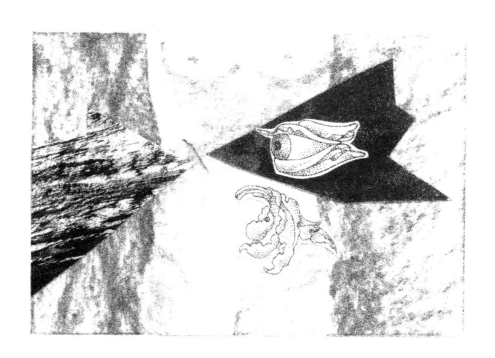

that scar
i never liked
let me see it

an colm ort
nár thaitin riamh liom
lig dom é a fheiceáil

in exhausted brown leaves
i see her eyes
our love has laid us low

i nduilleoga donna spíonta
feicim a súile
threascair ár ngrá sinn

september sun
silvers the pigeon's breast
soft down

grian mheán an fhómhair
airgeadaíonn brollach an cholúir
clúmh mín

58/

each closed
eyelash
an iron bar

gach fabhra dúnta leat
ina bharra
iarainn

60/

blackberries ripen
the bruises
on each other

aibíonn na sméara
na ballbhrúnna
ar a chéile

62/

were you a bat
you'd hear these dark
high-pitched screams

dá mba ialtóg thú
chloisfeá na scola
dorcha seo

64/

heaped leaves
decaying

softcunt

duilleoga carntha
á lobhadh

bogphis

66/

legs in the air ...
any minute now

dying fly

cosa san aer ...
nóiméad ar bith anois

cuileog ag éag

frosty reeds
staring at each other

the night is overcast

sioc ar luachair
ag stánadh ar a chéile

oíche iata

70/

a nameless bird
warbling faintly
what season is it?

éan gan ainm
ag ceiliúradh ar éigean
cén séasúr é?

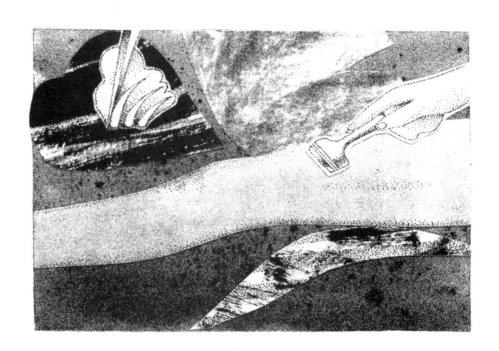

the littlest, most ordinary thing –
shaving your legs –
i stare at a blank page

an rud is lú, is comónta –
ag bearradh do chos –
stánaim ar leathanach bán

74/

visiting a pub
we used to frequent –
mocking muzak

ar cuairt ar thábhairne
a thaithímís –
ballacheol ag magadh fúm

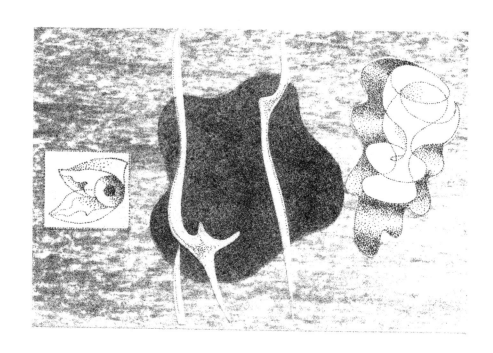

76/

i'd let you go up
and order drinks from the counter
just to watch you walk

liginn duitse dul suas
agus deochanna a ordú ón gcontúir
chun breathú ort ag siúl

mounting you from the rear –
the first crow's cawing
shatters the grey dawning

cúlmharcaíocht ort –
scoilteann grág an chéad phréacháin
léithe na hamhscarthanaí

80/

sweetness of time together
electric red clock-hand
throbbing

milseacht an ama le chéile –
lámh dhearg leictreach an chloig
ag broidearnach

the cold glass eye

of the pheasant –

trophies of our affair multiply

súil fhuar ghloine

an phiasúin –

trófaithe ár gcaidrimh a n-iolrú

84/

autumn evening
crunching under shoe
empty snail-shell

tráthnóna fómhair
cnagadh faoim bhróg –
poigheachán

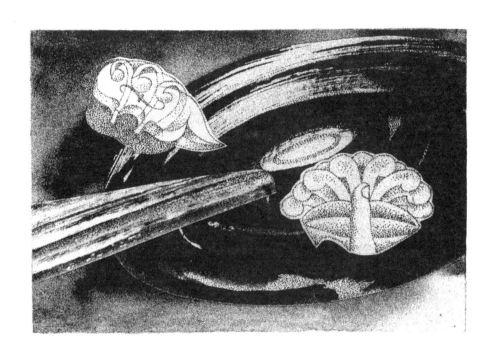

once more the Baroque record
stylus fingering each tiny groove
to the centre silence

ceirnín barócach, uair eile fós
méaraíonn an stíleas gach mionchlais
go lár an tosta

88/

i awoke and you were staring at me

the day awoke

slowly you brought your breast to my mouth

dhúisíos is bhís ag stánadh orm

dhúisigh an lá

chuiris do chíoch go mall lem bhéal

90/

staring deeply into each other's eyes
when all you wore was a yellow shower-cap
and a smile

stánann ár súile ar a chéile
gan aon rud ort ach caipín folctha buí
is aoibh

92/

standing stark naked before you
shadow-penis lengthening on the wall
you tantalize the shadow

seasaim lomnocht romhat
scáth mo bhoid á fhadú ar an mballa
griogann tú an scáth

94/

huge crimson sun
liquid on the horizon
your lips surround my member

grian mhór chraorag
leachtach ar fhíor na spéire
do liopaí thar m'fhear bán